AF542524

9 décembre 1885
97

P

CATALOGUE (N° 47)

ESTAMPES

ANCIENNES

LA PLUPART

DE L'ÉCOLE DU XVIIIe SIÈCLE

EN NOIR ET EN COULEUR

COSTUMES DE MODES, PORTRAITS, VIGNETTES

ET

QUELQUES DESSINS

FAISANT PARTIE

De la Collection de M. O. T*, de Marseille**

DONT LA VENTE AURA LIEU

HOTEL DES COMMISSAIRES-PRISEURS

RUE DROUOT, 9, SALLE N° 7

Le Mercredi 9 Décembre 1885

A DEUX HEURES

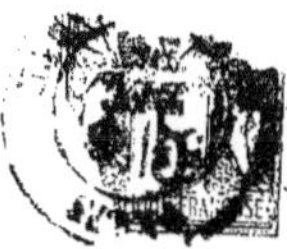

Mᵉ Maurice **DELESTRE**	M. **DUPONT** aîné
COMMISSᴿᴱ-PRISEUR	MARCHAND D'ESTAMPES
Rue Drouot, n° 27	Rue de Seine, n° 21

PARIS — 1885

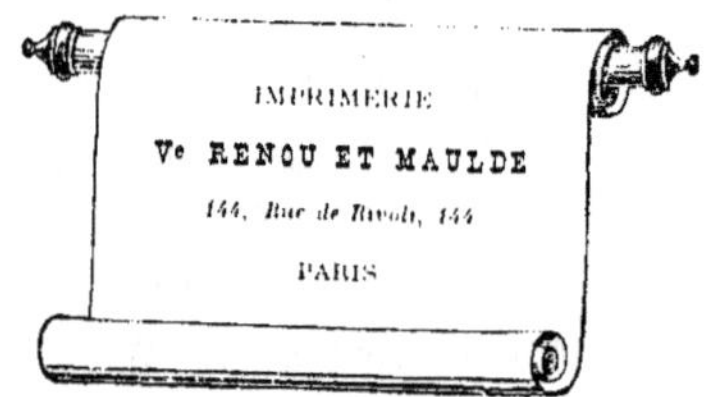
IMPRIMERIE
Ve RENOU ET MAULDE
144, Rue de Rivoli, 144
PARIS

CATALOGUE (N° 47)

ESTAMPES

ANCIENNES

LA PLUPART

DE L'ÉCOLE FRANÇAISE DU XVIIIe SIÈCLE

EN NOIR ET EN COULEUR

PAR

Baudouin — Bosio — Debucourt
Descourtis — Desrais
Fragonard — J.-B. Huet — Janinet — Lawreince — Le Clerc
Watteau, etc.

COSTUMES DE MODES, PORTRAITS, VIGNETTES

ET

QUELQUES DESSINS

FAISANT PARTIE

De la Collection de M. O. T*, de Marseille**

DONT LA VENTE AURA LIEU

HOTEL DES COMMISSAIRES-PRISEURS

RUE DROUOT, 9, SALLE N° 7

Le Mercredi 9 Décembre 1885

A DEUX HEURES

Par le ministère de Me **MAURICE DELESTRE**, Commissaire-Priseur,
rue Drouot, 27,
Assisté de **M. DUPONT aîné**, Marchand d'Estampes,
rue de Seine, 21.

PARIS — 1885

CONDITIONS DE LA VENTE

Elle sera faite au comptant.

Les Acquéreurs paieront CINQ POUR CENT en sus des enchères, applicables aux frais.

M. DUPONT se réserve la faculté de réunir ou de diviser les lots.

L'ordre du Catalogue sera suivi.

DÉSIGNATION

ADRESSES

1 — A la Flotte d'Angleterre, Louis-Henry Malbeste, marchand quincaillier, à Paris, 1719, in-4.

2 — Henry-Jos. Roux, à Marseille, vend toutes sortes d'instruments pour la navigation. — A la Lyre moderne, L. Pons, luthier à Toulon. 2 p.

AGINCOURT (S. d')

3 — Mme Le Brun et sa fille, d'après elle même. Belle ép., grandes marges.

ALDEGRAVER

4 — Danseurs de noces, Tarquin et Lucrèce, Pyrame et Thisbé, etc. 5 p.

ALIX

5 — Costumes officiels des Membres du Directoire, Généraux, Ministres, Juges, etc., d'après Garnerey. 26 p., très belles ép. en couleur.

ANSELIN

6 — Molière lisant le Tartuffe chez Ninon de Lenclos. d'après Monsiau. Très belle ép. avant la lettre.

BALECHOU (J.)

7 — Sainte Geneviève, patronne de Paris, d'après Vanloo. Très belle ép. avant les raies.

8 — La Force (Mme de Châteauroux), d'après Nattier. Très belle ép.

9 — Auguste III, roi de Pologne, en pied, d'après Rigaud. Très belle ép.

BARTOLOZZI (F.)

10 — Jeune Dame et sa fille assises près d'un arbre, d'après Angélica Kauffman. Belle ép. en couleur.

11 — Thoughts on Matrimony, d'après Smith. Belle ép. en couleur.

BARTOLOZZI et P. LEGRAND

12 — Sorrows of Werther, d'après Ramberg. — Roméo et Juliette, d'après Hamilton. 2 p. en couleur, très belles ép.

BASSET (Chez)

13 — Coiffures de l'époque Louis XVI. 4 p. à quatre sujets sur la feuille.

BAUDOUIN (D'après)

14 — Le Couché de la mariée, par Moreau le jeune et Simonet. Superbe ép.

BENOIST

15 — Bethsabée au bain, d'après Bounieu. Belle ép. en couleur, sans marge.

BOILLY (L.)

16 — Marche Incroyable, par Bonnefoy. Très belle ép.

BOIZOT (L.)

17 — Louis XVI, roi de France, d'après S. Boizot. Très belle ép., marges.

BONNET (L.)

18 — L'Amour prie Vénus de lui rendre ses armes, d'après Boucher. Très belle ép. aux trois crayons, marge.

19 — Le joli Nid. — Le bon Accord, d'après Chevaux. 2 p., belles ép. en couleur.

20 — Samson pris par les Philistins chez Dalila, d'après le dessin d'Eisen. Belle ép. aux deux crayons, sur papier bleu.

BOSIO (D.)

21 — Le Lever et le Coucher des ouvrières en linge. 2 p., belles ép. coloriées.

22 — Le même Sujet. Très beau *dessin* à la sépia, plus grand que les gravures et contenant une partie de chacune des deux compositions avec beaucoup de changements.

BOUCHER (D'après)

23 — Les Charmes du printemps. — Les Plaisirs de l'été. — Les Délices de l'automne. — Les Amusements de l'hiver, par J. Daullé. Suite de 4 p., très belles ép.

BOUTELOU (L.)

24 — Caroline, reine de Naples, ovale in-4. Très belle ép. du 1er état avant une scène dans le cartouche au-dessous des armes.

CALLOT (J.)

25 — Le Triomphe de la Vierge (Ed. M. 100). Très belle ép.

26 — Tentation de saint Antoine (Ed. M. 139). Très belle ép.

27 — Les Misères de la guerre, les Balli, etc. 38 p.

CARMONTELLE

28 — Chauvelin, conseiller au Parlement, par Delafosse. Belle ép.

29 — Lambert, conseiller au Parlement, par le même. Très belle ép.

CARPENTIER (J.)

30 — Désignation des Séances des États du Cambrésis, par C. Belkin, grand in-fol. Belle ép. Rare.

CATHELIN

31 — Marie-Adélaïde-Clotilde-Xavière de France, princesse de Piémont, d'après Ducreux. Belle ép., sans marge.

CHAPONNIER

32 — Le Modèle disposé, d'après Shall. — Prélude de Nina, d'après Louis Boilly. 2 p., très belles ép.

CHAPUY (J.-B.)

33 — Marie-Antoinette, reine de France, d'après Brion de La Tour. Très belle ép. en couleur.

CHARDIN (D'après)

34 — Le Benedicite. — La Gouvernante. — L'Enfance, d'après Dandré-Bardon. 3 p., belles ép.

COCHIN et **LE BAS**

35 — L'Entrée du port de Marseille. — L'Intérieur du port de Marseille, d'après Joseph Vernet. 2 p., belles ép., toute marge.

36 — Le Port vieux de Toulon. — Le Port neuf ou l'Arsenal de Toulon. — Vue de la ville d'Avignon, d'après Jos. Vernet. 3 p.

COUTELLIER

37 — Louis XVI, roi de France. Très belle ép.

DAGOTY (L.)

38 — Le Retour de l'enfant prodigue, d'après le Guerchin. Belle ép. en couleur, toute marge.

DAMBRUN

39 — La comtesse de Provence, d'après de Favanne. Belle ép.

DEBUCOURT (P.-L.)

40 — Le Joueur de cornemuse, d'après Carle Vernet. Très belle ép., grandes marges.

DEBUCOURT (P.-L.)

41 — La Fin de la course, d'après Carle Vernet. Très belle ép.

42 — Une Soirée chez Mme Geoffrin, d'après Lemonnier. Belle ép., lettres grises.

DEFRAISNE

43 — Prends-là, mais sois discret. — Rien n'égale mon bonheur, par Mossa. 2 p. en couleur.

DELLA-BELLA

44 — La Perspective du Pont-Neuf de Paris. Belle ép.

DEMARTEAU

45 — La petite Mère. — Le petit Marchand de gâteaux, d'après Boucher. 2 p., belles ép. aux crayons de couleur.

46 — Vénus et l'Amour. — Jeune Bergère contemplant deux colombes. — Tête de jeune fille, d'ap. Boucher. 4 p. en couleur, dont une avant la lettre.

47 — La Justice protège les Arts, d'après Cochin. Très belle ép. à la sanguine.

48 — Buste de jeune femme, grandeur naturelle, d'après Vincent. Belle ép. aux trois crayons.

DESCOURTIS

49 — Les Espiègles. — L'Amant surpris, d'après Shall. 2 p., très belles ép. en couleur, sans marge.

50 — La Prière interrompue, d'après H. Robert. Très belle ép. en couleur, marges.

DESNOS (Chez)

51 — Marie-Antoinette, archiduchesse d'Autriche, dauphine de France, médaillon entouré de roses, in-4. Très belle ép.

DESRAIS

52 — Collection d'Habillements modernes et galants. 8 p., dont trois coloriées.

DE TROY

53 — Vénus se venge de Psyché, par J.-J. Avril. Très belle ép.

DIVERS

54 — Louis XVI. — Marie-Antoinette. Médaillons au-dessus d'un monument funéraire, avec un bas-relief représentant leurs adieux à leur famille, in-fol. 2 p., très belles ép. en couleur, marges.
55 — La Séparation de Louis XVI et de sa famille, par F. B***. Très belle ép. avant la lettre.
56 — Marie-Antoinette, reine de France. — Marie-Thérèse. — Charlotte. — Le Dauphin, ronds in-8. 4 p., très belles ép.
57 — Charlotte Corday coiffée d'un chapeau, rond in-8. — La princesse de Lamballe. 2 p.
58 — Le Précepteur femelle, in-fol. Très belle ép., grandes marges.
59 — Vue du Port de Cette du côté de la mer, d'après Jacq. Girat, in-fol. en largeur. Belle ép.
60 — The Poor Soldier, in-fol. Très belle ép. en couleur, grandes marges.

DIVERS

61 — The Amorous Thieff. — Dortor Blowbladder, discovering the perpetual motion. 2 p., belles ép. en couleur.

DREVET (P.)

62 — Mme Desjardins, d'après Rigaud (D. 38). Très belle ép.

63 — Mme Keller, d'après Rigaud (D. 77). Belle ép.

64 — Louis-le-Grand, en pied, d'après Rigaud. — Louis XV, assis sur son trône, d'après le même. 2 p., très belles ép., collées en plein.

DREVET (P.-I.)

65 — Adrienne Lecouvreur, d'après Coypel (D. 24). Très belle ép.

DURER (Albert)

66 — La Vierge à la couronne d'étoiles et au sceptre (B 32). Belle ép.

67 — Les Offres d'amour (B. 93). Belle ép.

68 — La Vierge et l'Enfant Jésus, Saint-Christophle, Pièces de la Passion, la Mélancolie, le Chevalier de la Mort, le Seigneur et la Dame, etc. 17 p.

69 — Pièces gravées sur bois. La Vierge sur un Croissant, Sainte-Famille, Sujets de la Passion et de la Vie de la Vierge, etc. 34 p., belles ép.

DYCK (Van)

70 — Portraits gravés par Bolsvert, Pontius, P. de Jode, Vosterman, etc. 12 p., belles ép.

ESNAULT et RAPILLY (Chez)

71 — Mlle Lescot, de la Comédie italienne. Très belle ép.

72 — Mme de Saint-Huberty, de l'Académie royale de musique. Très belle ép.

73 — Mme la Comtesse Du Barry. Belle ép., marges.

FIQUET

74 — Mme de Maintenon, d'après Mignard. Belle ép.

FRAGONARD (H.)

75 — Le Baiser à la dérobée, par N.-F. Regnault. Belle ép.

76 — Le Verrou, par Blot. Très belle ép.

77 — Pèlerinage à Saint-Nicolas. Très belle ép. avant toutes lettres.

78 — Grandeur d'âme de Corésus, par Danzel. Très belle ép.

FREUDEBERG (D'après)

79 — La Complaisance maternelle par N. de Launay Très belle ép. grandes marges.

GAUCHER (C.-S.)

80 — Mme la Comtesse Du Barry, d'après Drouais. Très belle ép.

GAUCHER (C.-S.)

81 — Mme de Graffigny, in-8. Belle ép., marges.

GHISI (G. et D.)

82 — Cupidon et Psyché, d'après Jules Romain. Ep. du premier état.

83 — Sujets divers d'après Raphaël, Jules Romain, etc. 13 p.

GOLTZIUS (H.)

84 — La Résurrection, le Christ descendu de la Croix, l'Annonciation, la Madeleine, Homme de guerre, etc. 8 p.

GRAVELOT (D'après)

85 — Fondation pour marier dix filles, par Moreau le jeune et Huquier. Belle ép.

GREUZE (D'après)

86 — La Cruche cassée. Pièce ovale, in-4, en couleur.

HUET (J.-B.)

87 — L'Éventail cassé. — L'Amant écouté, par Bonnet. 2 p., très belles ép. en couleur.

88 — Le Dîner, par Bonnet. Très belle ép. en couleur.

89 — La Troupe ambulante des rues de Paris. — Le Marchand d'Orviétan de campagne, par Bonnet. 2 p., belles ép. en couleur.

JANINET

90 — Sommeil de Vénus, d'après Charlier. Belle ép. en couleur.

91 — Le Baiser de l'Amitié, d'après Doublet. Belle ép. en couleur.

92 — Sultane favorite du Sultan Achmet IV. Belle ép. imprimée en rouge.

93 — Mlle Colombe l'aînée, d'après Le Moyne. — Jeune Femme coiffée d'un chapeau. 2 p., belles ép. en couleur.

94 — Mme Dugazon, Mlle Renaud cadette, Mlle de Garcins, M. Granger, etc. 7 p. en couleur.

JEAURAT

95 — Le Carnaval des rues de Paris. — Le transport des Filles de joie à l'hôpital, par Le Vasseur. 2 p., belles ép.

JODE (P. de)

96 — Henriette-Marie de France, reine d'Angleterre, d'après Van Dyck. Très belle ép. un peu rognée d'un côté.

JUBIER

97 — Vues de la Néva, d'après Michelle. 2 p., belles ép. en couleur.

LA HAYE (Ch. de)

98 — L'Age d'or, d'après Pietre de Cortone. Belle ép. en couleur.

LAWREINCE

99 — Les Apprêts du Ballet par Tresca (E. B. 4.) Très belle ép. du premier état avant la lettre.

100 — L'Heureux moment, par N. de Launay (E. B. 28). Superbe ép. avant des changements dans la lettre.

101 — Les Nymphes scrupuleuses, par Vidal. Belle ép.

LE BARBIER (D'après)

102 — Couronnement de La Fontaine, par Esope, par Macret et Guttenberg. Belle ép.

103 — Adam et Eve dans le Paradis terrestre. — La Mort d'Abel. 2 p., belles ép. en couleur, sans marge.

LE BEAU

104 — Cortège de l'Empereur Napoléon Ier, à l'Ouverture du Corps législatif, le 6 nivose, an XIII, d'après Naudet. Belle ép.

LE CLERC

105 — Coiffures et Costumes. 5 p., dont une coloriée.

LEGRAND (Aug.)

106 — Les petits Savoyards. Belle ép. en bistre.

LE MIRE (N.)

107 — Au Roi. Sujet allégorique avec portrait de Louis XVI, d'après Moreau le jeune. Très belle ép.

LE VASSEUR

108 — La Chaufferette, d'après Krauss. Très belle ép., marge.

LEVILLY (J.)

109 — What you will. Belle ép.

LEYDE (Lucas de)

110 — Le Fou (B. 150). Belle ép.

111 — La Femme à la biche (B. 153). Belle ép. Collection W. Esdaile.

112 — Saint Sébastien, Samson, Loth et ses filles, Abraham renvoyant Agar, les Musiciens, etc. 9 p.

LITTRET

113 — Mlle Clairon; médaille avec revers, in-8. Très belle ép.

114 — Mme de Pompadour, d'après Schénau. Belle ép.

MANTÉGNA (And.)

115 — Bacchanale à la cuve (B. 19). Belle ép.

MAROT (Jean)

116 — Recueil des plans, profils et élévations de plusieurs palais, châteaux, églises, sépultures, grottes et hôtels bâtis dans Paris et aux environs, in-4. 115 p.

MARTINI

117 — Lauda Conatum. Exposition du Salon du Louvre en 1787. Belle ép.

118 — Allégorie sur la naissance du Dauphin, fils de Louis XVI. Très belle ép., grandes marges.

MÉCOU (J.)

119 — Vénus et Adonis, d'après le Guide. Très belle épreuve.

MORGHEN (RAPHAEL)

120 — Vénus et l'Amour, d'après Jacopo Palma. Très belle ép. avant toutes lettres.

121 — Introduction des Anglais dans le port de Toulon en 1793. — Évacuation des Puissances coalisées du port de Toulon, d'après Féraud. 2 p., belles ép.

MULLER (J.-G.)

122 — Louise-Élis. Vigée Le Brun, coiffée d'un chapeau, d'après elle-même. Très belle ép.

NANTEUIL (ROB.)

123 — Mme de Gillier (R. D. 103). Belle ép.

NARGEOT

124 — Marie-Antoinette, d'après Mme Le Brun. Très belle ép. avant toutes lettres.

NATTIER (D'après)

125 — Portraits des filles de Louis XV, sous la figure des Quatre Éléments, par Baléchou, Beauvarlet, Gaillard et Tardieu. 4 p., belles ép. collées en plein.

OSTADE (A. Van)

126 — La Chanteuse (B. 30). Très belle ép. avant différents travaux, dans les parties ombrées.

PENCZ (G.)

127 — Médée (B. 71). Très belle ép. Collections Debois et Galichon.

PRUDHON (D'après)

128 — Le Bain; vignette pour *Daphnis* et *Chloé*, in-4, par Roger. Très belle ép. avant la lettre.

129 — L'Enlèvement de Psyché, par Aubry-le-Comte. Très belle ép.

PRUNEAU (N.)

130 — Mme la duchesse de Châteauroux, d'après Nattier. Très belle ép.

REMBRANDT

131 — Jésus et la Samaritaine, la Résurrection de Lazare, Abraham renvoyant Agar, le Dessinateur d'après le modèle, Vieille femme appuyée sur un bâton, etc. 13 p.

RIBÉRA (J.)

132 — Le Martyre de saint Barthélemy. Belle ép.

SADELER (G.)

133 — Un Religieux à genoux aux pieds de saint Pierre et de saint Paul. Très belle ép. Rare.

SAINT-AUBIN

134 — Perronet, architecte, in-fol. Très belle ép.

SALVATOR-ROSA

135 — Costumes militaires et autres. 38 p.

SAUVAGE (D'après)

136 — Louis XVI, Marie-Antoinette et le Dauphin, rond in-8. Belle ép. en couleur.

SCHOEN (Martin)

137 — Sainte Catherine (B. 65). Belle ép. portant la marque de plusieurs collections. Très rare.

SHALL (D'après)

138 — La Servante justifiée. — Le Gascon puni. — Le Cuvier, contes de La Fontaine, par Lainder de Toulouse. 3 p., belles ép.

SURUGUE (P.)

139 — Roland apprend par les bergers la perfidie d'Angélique, d'après Coypel. Très belle ép., marges.

TRINQUESSE

140 — La Sortie du bain, par Lempereur. Très belle épreuve.

VANGORP (D'après)

141 — Le Cadeau de l'Amour, par Bendely. Très belle épreuve en couleur, toute marge.

VANLOO (C.)

142 — La Peinture. — La Sculpture, par Et. Fessard. 2 p., très belles ép.

VÉRITÉ

143 — Portraits de Cazalès, Talleyrand-Périgord, Malouët, l'abbé Maury, etc. 6 p. en couleur.

VERNET (Jos.)

144 — La Tempête, par Baléchou, avant les raies. — Le Soir, par Aliamet. 2 p.

VICO (Énée)

145 — La Vierge assise sur les nuages. Très belle ép.

VIDAL (G.)

146 — La Prudence. — La Justice, d'après Nattier. 2 p., dont une avant la lettre, avec retouches au crayon.

WATTEAU (Ant.)

147 — Louis XIV mettant le cordon bleu à M. le duc de Bourgogne, par De Larmessin. Superbe ép., toute marge.

148 — L'Autumne, par J. Audran. Belle ép.

WATTEAU de Lille

149 — Costumes de femmes, en pied. 5 p., très belles épreuves.

WILLE (J.-G.)

150 — Louis Phélypeaux, comte de Saint-Florentin, d'après Tocqué. Très belle ép., marge.

151 — Louis XV à cheval, d'après Parrocel. Belle ép.

GRAVURES DIVERSES

152 — Anonymes des xve et xvie siècles. 4 p., très belles épreuves.

153 — Gravures par Béham, George Pencz, Hans Baldung. L. Cranach, etc. 8 p., dont deux gravées sur bois.

154 — Par Marc-Antoine, Aug. Vénitien et Marc de Ravenne. 17 p.

155 — Gravures des Écoles flamande, hollandaise et italienne. 34 p.

156 — Par Jacq. Bellange, Bérain, Della Bella, Callot, Boucher, le comte de Goudt, Rubens, etc. 26 p.

157 — d'après Boucher, Cochin, Lagrenée, Raoux, Watteau, etc. 24 p.

158 — Gravures en couleur. 14 p.

159 — Gravures sur bois tirées de la Bible de Nuremberg. 35 p.

160 — Bois du XVIe siècle. Frontispices et sujets tirés de différents ouvrages. 178 p.

161 — Frontispices gravés sur bois et marques d'imprimeurs du XVIe siècle. 70 p.

162 — Alphabets et lettres ornées du XVIe siècle. 543 p.

163 — Frontispices anciens gravés sur cuivre, in-fol. 6 pièces.

164 — Adresses, étiquettes, prospectus, cartouches, brevets, lettres de mariage et de décès. 26 p.

165 — Assignats, gravures de l'époque de la Révolution et sujets historiques. 38 p.

166 — Représentation des Fêtes données par la Ville de Strasbourg pendant le séjour du Roi en cette ville, in-fol. (manque le portrait et une feuille de texte).

167 — Le Bon genre, Melle des Faveurs aux Tuileries. Modes du costume parisien, 1814. 12 p.

168 — Modes, Costumes et Ameublements de 1790. 19 p. coloriées, à plusieurs sujets sur la feuille.

169 — Caricatures, par Grandville, Cham, Daumier, etc. Environ 50 p.

170 — Portraits de Marie-Antoinette, Marie-Adelaïde de France, sœur du Roi; Mme Elisabeth, Mme Louise de France, Mme Roland, etc. 11 p. anciennes.

171 — Portraits différents de Mme Du Barry. 18 p.

172 — Rois de France depuis François Ier. 20 p.

173 — Portraits d'actrices. 26 p.

174 — Portraits de femmes, par Duflos, Nanteuil, Wille, De Larmessin, Montcornet et Saint-Aubin. 16 pièces.

175 — Portraits de femmes, anciens et modernes. 100 pièces.

176 — Portraits anciens. 24 p.

177 — Divers anciens et modernes. 192 p.

178 — Vignettes d'après Eisen, pour les Contes de La Fontaine. 10 p.

179 — Suite complète de 35 Figures de Gravelot, pour les œuvres de Corneille, édition de Genève, 1764. Plus un portrait et un frontispice par J.-F. Cars.

180 — D'après Marillier, pour les *Idylles de Berquin*, in-12. 10 figures avant la lettre et un frontispice.

181 — Vignettes et Frontispices d'après Eisen, Gravelot, Cochin, Marillier, Moreau le jeune, etc., 54 p., dont plusieurs avant la lettre.

182 — Vignettes diverses anciennes et modernes. 124 p.

183 — Vues de Paris et autres. 18 p.

184 — Gravures diverses. Environ 150 p.

DESSINS

185 — Un Lion enchaîné par des Amours. Très beau dessin aux crayons de pastel, pour dessus de porte. Très grand in-fol.

186 — Scaramouche : dessin à la plume par P. Laurent, de Marseille. — Terme du Vestibule de la maison de Rouville ou Tour d'Aigues, à Aix ; dessin à la pierre noire, par Lange, sculpteur. 2 p.

187 — Vues de Digne et des environs, Études de fleurs. 7 dessins signés : *Janson, an XII et 1816.*

188 — Paysage, vue d'Italie. Beau dessin à la plume, lavé d'encre de Chine, signé : *Kapeller, prof. acad. Mass. inv. fec., 1763.*

189 — Dessins divers anciens et modernes. 24 p.

190 — Les Portefeuilles de la Collection.

Vve Renou et Maulde, imprimeurs de la Compagnie des Commissaires-Priseurs, rue de Rivoli, 144. 300—63267

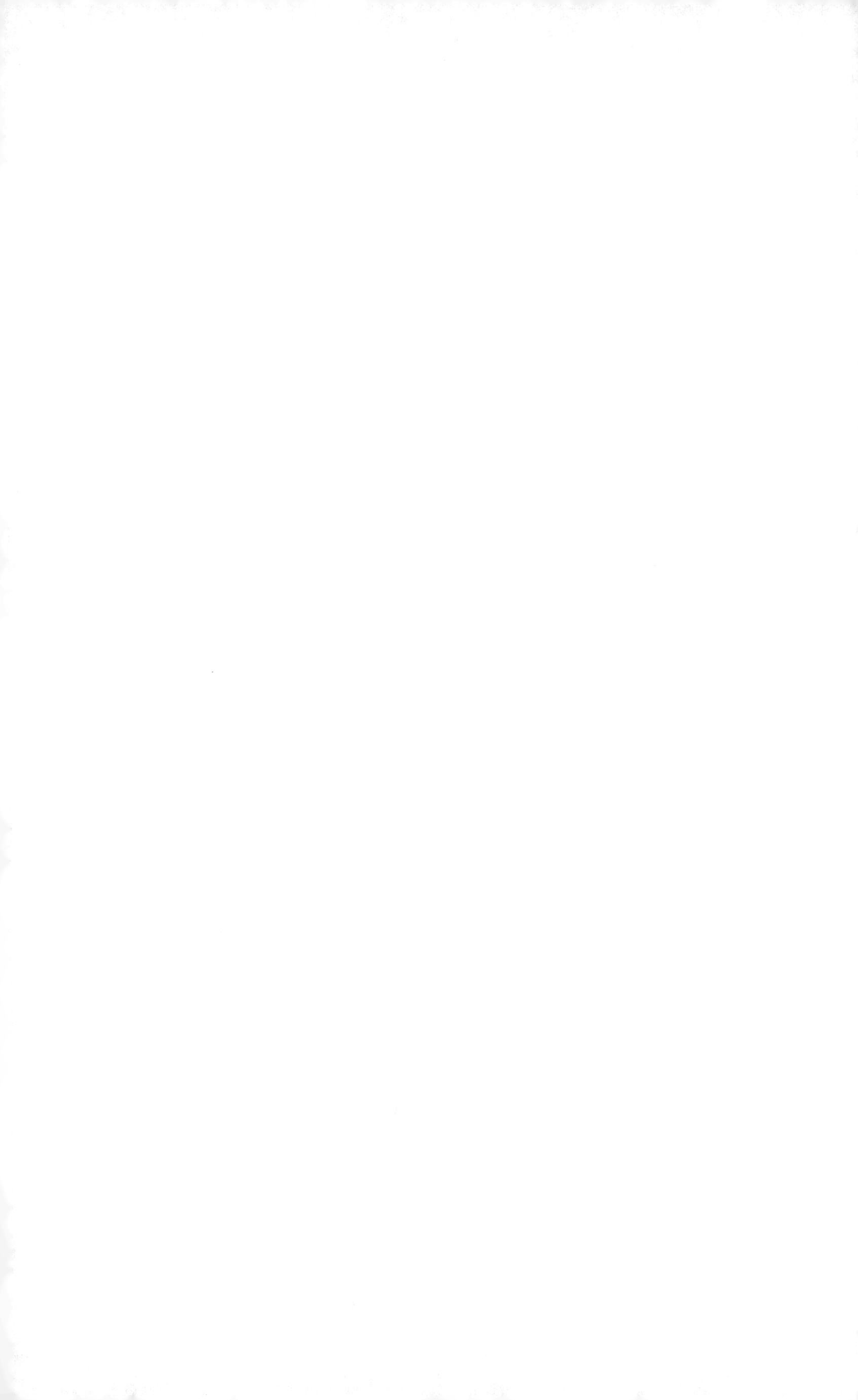

www.ingramcontent.com/pod-product-compliance
Lightning Source LLC
LaVergne TN
LVHW010012230826
846092LV00002B/776